Bom Dia Trancoso!

40 receitas para acompanhar o café da manhã
por Sandra Marques da Pousada Capim Santo

Cook ♥ Lovers

Bom Dia Trancoso!

40 receitas para acompanhar o café da manhã
por Sandra Marques da Pousada Capim Santo

Cook ♥ Lovers

índice

apresentação   6
queijadinhas   9
torta preguiçosa de maçã   10
bom-bocado de fubá   13
brownie de chocolate branco e macadâmia   14
bolo de maçã   17
rabanadas   18
bolo de tapioca   21
muffins de maracujá e coco   22
bolo de papoula   25
rolinhos de canela   26
bolo de limão   29
bolo de café   30
pastel assado de goiaba   33
bolo de cenoura   34
empada de palmito pupunha   37
cuca de banana   38
quiche de queijo   41
bolinho de estudante   42
cuscuz de tapioca   45

bom-bocado de milho-verde	46
panquecas	49
bolo de laranja	50
brownie de chocolate	53
bolo mesclado	54
panqueca de iogurte e limão	57
sonhos	58
muffins de banana com chocolate branco	61
bolo formigueiro	62
bolo de cenoura com nozes	65
Bolo de Chocolate	66
cookies com gotas de chocolate	69
mingau de tapioca	70
pão de queijo	73
madalenas	74
bolo de passas	77
bolinho de farinha de arroz e coco	78
rocambole de goiabada	81
agradecimentos	82
créditos	83

Apresentação

Meu interesse por cozinha começou logo cedo, vendo minha mãe preparar pudins para colocar na sorveteria do meu pai e minha avó paterna e minhas tias fazendo goiabada (das goiabas que elas tinham colhido num terreno baldio perto das nossas casas) e tachos de bananadas que viravam recheios de pães ou canudinhos...

Se era dia de festa, a criançada ficava grudada na mesa, vendo minha tia fazer balas de alfenim – era pura magia! Que delícia era comer aquelas sobrinhas!

Minha avó materna, uma exímia cozinheira libanesa, sempre nos surpreendia com suas comidinhas árabes ou com alguma receita nova, tirada dos exemplares da coleção que ela estava fazendo da revista semanal Bom Apetite – coleção essa que eu herdei logo cedo, pois também adorava colecionar receitas!

Mas o legado da minha avó acabou se tornando meu ganha-pão. Quando cheguei em Trancoso, comecei a vender pão integral e granola para sobreviver...

Daí, com o tempo fui criando outros quitutes, como bolos e doces, que se transformavam em verdadeiros deleites. Nessa época, a moçada que frequentava Trancoso vinha tomar café da manhã na minha casa, e a sequência natural alguns anos depois foi a inauguração do restaurante e pousada Capim Santo.

queijadinhas

*1 lata de leite condensado, 3 ovos,
1 colher (sopa) de manteiga e
2 xícaras (chá) de coco ralado*

Em uma tigela, misture o leite condensado com os ovos, a manteiga e o coco ralado.

Deixe descansar por 10 minutos e distribua a massa em forminhas de papel que deverão estar dentro de forminhas de empada.

Leve para assar em forno preaquecido em temperatura baixa por aproximadamente 35 minutos.

Rendimento: 7 porções
Tempo de preparo: 45 minutos

torta preguiçosa de maçã

Recheio: 8 maçãs sem casca fatiadas, ½ xícara (chá) de açúcar, 1 colher (sopa) de açúcar, 2 colheres (sopa) de água, 3 ovos batidos, 1 xícara (chá) de leite, canela e manteiga a gosto

Massa: 3 xícaras (chá) de farinha de trigo, 1 ½ xícara (chá) de açúcar, 1 xícara (chá) de manteiga e 1 colher (sopa) de fermento em pó

Recheio: Em uma panela, acrescente as maçãs fatiadas, 1/2 xícara (chá) de açúcar e a água. Leve ao fogo para amolecer as maçãs. Retire do fogo e reserve. Misture os ovos batidos, o leite e 1 colher (sopa) açúcar. Reserve. Unte a forma com a manteiga e reserve.

Massa: Em uma vasilha, misture todos os ingredientes da massa com as pontas dos dedos até formar uma farofa. Coloque metade da massa na forma untada e em seguida metade do recheio. Intercale com o restante dos ingredientes. Regue o topo da torta com a mistura reservada de leite, ovos e açúcar. Salpique canela e pedacinhos de manteiga. Deixe descansar por 10 minutos e leve ao forno preaquecido em temperatura média por cerca de 1 hora.

Rendimento: 16 porções
Tempo de preparo: 1 hora e 20 minutos

bom-bocado de fubá

4 xícaras (chá) de leite, 2 xícaras (chá) de açúcar,
4 ovos, 1 xícara (chá) de fubá, 1 colher (sopa) de farinha
de trigo, ½ xícara (chá) de queijo parmesão ralado,
½ xícara (chá) de coco ralado, 3 colheres (sopa) de
manteiga derretidae 2 colheres (sopa) de fermento em pó

Coloque no liquidificador o leite, o açúcar, os ovos e bata bem.

Coloque essa mistura em uma vasilha e acrescente o fubá, a farinha de trigo, o queijo parmesão ralado, o coco ralado, a manteiga derretida e o fermento em pó. Bata novamente.

Despeje em forma retangular untada e polvilhada com fubá. Leve para assar em forno moderado por mais ou menos 45 minutos.

Rendimento: 15 porções
Tempo de preparo: 1 hora

brownie de chocolate branco e macadâmia

200 g de chocolate branco, ½ xícara (chá) de manteiga sem sal, 2 ovos, 1 xícara (chá) de açúcar, 1 colher (chá) de essência de baunilha, 1 xícara (chá) de farinha de trigo, 1 colher (chá) de fermento em pó, 1 pitada de sal, ½ xícara (chá) de macadâmias torradas e picadas

Derreta o chocolate branco em banho-maria e acrescente a manteiga. Misture, retire do fogo e deixe esfriar.

Em uma tigela, bata os ovos com o açúcar e a baunilha até formar um creme claro. Acrescente o chocolate e reserve.

Em outra vasilha, peneire a farinha com o fermento e o sal. Adicione a mistura de chocolate e bata até obter uma massa homogênea. Acrescente as macadâmias, misture e despeje a massa sobre uma assadeira retangular, untada e enfarinhada. Leve ao forno preaquecido em temperatura média por aproximadamente 35 minutos. Espete um palito no brownie: se estiver úmido, isso significa que está no ponto. Sirva cortado em quadrados.

Rendimento: 16 porções
Tempo de preparo: 1 hora

bolo de maçã

4 xícaras (chá) de maçãs raladas sem a casca,
1 xícara (chá) de uvas-passas claras, 1 xícara (chá) de
nozes trituradas, ½ xícara (chá) de óleo,
1 ½ xícara (chá) de açúcar demerara, 2 ovos,
1 pitada de sal, 1 colher (sopa) de canela em pó,
1 colher (sopa) de essência de baunilha, 2 xícaras (chá)
de farinha de trigo, 1 colher (chá) de bicarbonato de
sódio e 1 colher (sopa) de fermento em pó

Em uma tigela, misture as maçãs com as uvas-passas, as nozes, o óleo, o açúcar, os ovos, o sal, a canela, a baunilha, a farinha de trigo, o bicarbonato de sódio e o fermento, até obter uma massa homogênea.

Despeje o conteúdo sobre uma assadeira untada com manteiga e polvilhada com açúcar, e leve ao forno preaquecido em temperatura média por aproximadamente 40 minutos.

Rendimento: 12 porções
Tempo de preparo: 1 hora

rabanadas

½ lata de leite condensado, ½ lata de leite, 2 ovos batidos, 3 pães do tipo francês amanhecidos, óleo para fritar, açúcar e canela a gosto

Em uma vasilha, misture o leite condensado, o leite e os ovos. Reserve.

Corte os pães em fatias de 1 cm de espessura.

Molhe as fatias na mistura e, em seguida, frite-as em óleo quente. Disponha as fatias sobre o papel papel-toalha para absorver a gordura. Em seguida, passe-as fatias em no açúcar e na canela. Sirva a seguir.

Rendimento: 15 unidades
Tempo de preparo: 15 minutos

bolo de tapioca

3 xícaras (chá) de tapioca crua ou cozida
1 ½ xícara (chá) de leite de coco
1 xícara (chá) de coco ralado
½ xícara (chá) de manteiga
1 ½ xícara (chá) de açúcar, 3 ovos e
1 colher (sopa) de fermento em pó

Bata a tapioca no liquidificador, aos poucos, para que fique bem esmigalhada. Passe para uma tigela e acrescente o leite de coco e o coco ralado. Deixe descansar por 20 minutos.

À parte, em uma vasilha, bata a manteiga com o açúcar e acrescente os ovos, um a um, até obter uma mistura homogênea. Acrescente a mistura reservada e o fermento e bata mais um pouco. Despeje em uma assadeira retangular, untada e enfarinhada, e leve ao forno preaquecido em temperatura média por aproximadamente 40 minutos.

Rendimento: 12 porções
Tempo de preparo: 1 hora

muffins de maracujá e coco

½ xícara (chá) de manteiga
1 xícara (chá) de açúcar, 3 ovos
1 ½ xícara (chá) de farinha de trigo
½ xícara (chá) de leite, 1 colher (chá) de essência de baunilha, 1 xícara (chá) de coco ralado, 2 polpas de maracujá e 1 colher (sopa) de fermento em pó

Na batedeira, bata a manteiga com o açúcar, os ovos, um a um, e alternadamente, adicione a farinha, o leite e a baunilha. Acrescente o coco, a polpa de maracujá e, por último, o fermento.

Preencha 2/3 das forminhas de papel com a massa e coloque-as dentro de forminhas de muffin.

Leve ao forno preaquecido em temperatura média por aproximadamente 40 minutos.

Rendimento: 12 porções
Tempo de preparo: 1 hora

bolo de papoula

1 xícara (chá) de açúcar, 4 ovos
1 xícara (chá) de manteiga, ½ xícara (chá) de leite
1 colher (sopa) de essência de baunilha
1 colher (chá) de raspas de limão
2 xícaras (chá) de farinha de trigo
1 colher (sopa) de fermento em pó
½ colher (chá) de sal
½ xícara (chá) de sementes de papoula

Na batedeira, bata o açúcar com as gemas e a manteiga. Acrescente o leite, a baunilha e as raspas de limão. Em seguida, adicione a farinha, o fermento e o sal. Pare de bater e misture levemente as sementes de papoula e as claras batidas em neve.

Despeje a massa dentro de uma assadeira de bolo inglês, untada e enfarinhada, e leve ao forno preaquecido em temperatura média por aproximadamente 40 minutos.

Rendimento: 12 porções
Tempo de preparo: 1 hora

rolinhos de canela

Massa: 30 g de fermento biológico, 1 ½ xícara (chá) de leite morno, ½ xícara (chá) de açúcar, 4 xícaras (chá) de farinha de trigo, 2 ovos e ½ xícara (chá) de manteiga
Recheio: ½ xícara (chá) de manteiga derretida, 1 xícara (chá) de açúcar e 3 colheres (sopa) de canela em pó

Em uma tigela, dissolva o fermento no leite com o açúcar. Cubra com um pano e deixe descansar por aproximadamente 15 minutos. Em outra tigela, coloque a farinha e faça uma cavidade no centro; acrescente os ovos, a manteiga e a mistura reservada do fermento. Misture bem, e, se necessário, acrescente mais farinha. Sove até obter uma massa elástica; cubra com um pano e deixe crescer por 1 hora até dobrar de volume.

Retire a massa da vasilha e abra-a com um rolo, em uma superfície polvilhada com farinha de trigo, até formar um retângulo. Espalhe sobre a massa a manteiga, o açúcar e a canela misturados e enrole como se fosse um rocambole. Pressione bem as extremidades e corte em fatias de 2 cm de espessura.

Arrume as fatias na assadeira untada e polvilhada com farinha de trigo, pressione-as levemente e leve ao forno preaquecido em temperatura média por aproximadamente 30 minutos.

Rendimento: 15 porções
Tempo de preparo: 1 hora e 30 minutos

bolo de limão

Massa: 1 ½ xícara (chá) de açúcar, 4 ovos, 1 xícara (chá) de manteiga, 2 xícaras (chá) de farinha de trigo, 1 colher (sopa) de raspas de limão, 1 xícara (chá) de leite e 1 colher (sopa) de fermento em pó
Cobertura: 2 xícaras (chá) de açúcar de confeiteiro e 4 colheres (sopa) de suco de limão

Massa: Na batedeira, bata o açúcar com as gemas e a manteiga. Acrescente a farinha, as raspas, o leite e, por último, o fermento e as claras batidas em neve. Transfira a massa para uma assadeira retangular (31 x 42cm), untada e enfarinhada, e leve ao forno preaquecido em temperatura média por aproximadamente 40 minutos.

Cobertura: Misture o açúcar de confeiteiro com o suco de limão. Despeje sobre o bolo ainda quente, na assadeira. Corte-o em quadrados e deixe esfriar para que a cobertura seque.

Rendimento: 12 porções
Tempo de preparo: 1 hora

bolo de café

2 xícaras (chá) de café, 2 xícaras (chá) de açúcar,
2 colheres (sopa) de chocolate em pó, ½ xícara
(chá) de manteiga, 2 ovos, 1 colher (chá) de essência
de baunilha, 2 xícaras (chá) de farinha de trigo,
2 colheres (chá) de fermento em pó, ½ colher (chá)
de sal e ½ colher (chá) de cravo em pó

Em uma panela, misture o café com o açúcar e o chocolate em pó. Ferva em fogo baixo por 10 minutos. Retire do fogo e deixe esfriar.

Na batedeira, bata a manteiga com os ovos um a um, a baunilha e depois acrescente a mistura de café, já fria. Adicione a farinha, o fermento, o sal e o cravo.

Despeje a massa sobre uma assadeira, untada e enfarinhada, e leve ao forno preaquecido em temperatura média por aproximadamente 40 minutos.

Rendimento: 12 porções
Tempo de preparo: 1 hora

pastel assado de goiaba

2 xícaras (chá) de farinha de trigo,
½ xícara (chá) de açúcar, 1 ovo,
½ xícara (chá) de manteiga, 1 colher (sopa) de água,
1 ½ xícara (chá) de goiabada cortada em cubinhos
e açúcar de confeiteiro para polvilhar

Em uma vasilha, misture a farinha com o açúcar, o ovo, a manteiga e a água, até formar uma massa homogênea. Com o rolo, abra a massa, deixando-a com uma espessura de 0,5 cm, e corte-a em círculos com um cortador redondo.

Disponha alguns cubinhos de goiabada no centro de cada círculo e feche bem, apertando as bordas com um garfo. Leve ao forno preaquecido em temperatura média por aproximadamente 30 minutos. Retire do forno e polvilhe o açúcar de confeiteiro.

Rendimento: 20 porções
Tempo de preparo: 50 minutos

bolo de cenoura

Massa: 5 ovos, 2 xícaras (chá) de açúcar, 1 xícara (chá) de óleo, 3 cenouras picadas, 3 xícaras (chá) de farinha de trigo, ½ colher (sopa) de bicarbonato de sódio e 1 colher (sopa) de fermento em pó
Cobertura: 1 xícara (chá) de leite, 1 xícara (chá) de açúcar, 1 xícara (chá) de chocolate em pó e 1 colher (sopa) de manteiga

Massa: No liquidificador, bata os ovos com o açúcar, o óleo e as cenouras.
Em uma tigela, misture a farinha com o bicarbonato e o fermento. Acrescente a mistura já batida e mexa bem. Despeje a massa sobre uma assadeira retangular, untada e enfarinhada, e leve ao forno preaquecido em temperatura média por aproximadamente 40 minutos.

Cobertura: Em uma panela, misture o leite com o açúcar e o chocolate, e leve ao fogo para engrossar. Antes de desligar, acrescente a manteiga.
Misture bem e espalhe sobre o bolo assado. Corte em quadrados e sirva.

Rendimento: 16 porções
Tempo de preparo: 1 hora

empada de palmito pupunha

Massa: 3 xícaras (chá) de farinha de trigo, 2 gemas, 1 ¼ xícara (chá) de manteiga, 1 colher (chá) de fermento em pó e sal a gosto
Recheio: 1 colher (sopa) de azeite, ½ cebola picada, 1 dente de alho picado, 2 xícaras (chá) de palmito de pupunha picado, 1 tomate sem pele e sem sementes picado, sal, 1 xícara (chá) de leite, 1 colher (sopa) de amido de milho, 1 gema para pincelar, pimenta-do-reino e salsinha a gosto

Massa: Em uma vasilha, adicione a farinha, as gemas, a manteiga, o sal e o fermento. Misture com as mãos até formar uma massa homogênea e lisa. Reserve.

Recheio: Em uma panela, aqueça o azeite e refogue a cebola e o alho. Acrescente o palmito picado, o tomate e os temperos a gosto. Por último, acrescente o leite misturado com o amido de milho e mexa até engrossar. Retire do fogo e reserve.

Abra a massa em forminhas de empada, coloque o recheio já frio e tampe com outro disco de massa. Pincele com a gema e leve-as para assar no forno em temperatura média por aproximadamente 30 minutos, ou até que as empadas fiquem douradas.

Rendimento: 12 unidades médias
Tempo de preparo: 1 hora

cuca de banana

1 xícara (chá) de açúcar, ½ xícara (chá) de manteiga,
4 ovos, ½ xícara (chá) de leite,
2 xícaras (chá) de farinha de trigo,
1 colher (sopa) de fermento em pó, ½ colher (chá)
de sal, 6 bananas-nanicas cortadas em fatias,
açúcar e canela em pó para polvilhar

Na batedeira, bata o açúcar com a manteiga e as gemas até formar um creme claro. Acrescente o leite, intercalando com a farinha, o fermento e o sal.

Bata as claras em neve e incorpore-as à massa.

Despeje metade da massa na assadeira, untada e enfarinhada, e distribua metade das bananas cortadas. Despeje o restante da massa e finalize com as bananas.

Polvilhe a cuca com o açúcar, e a canela e leve-a para assar no forno preaquecido em temperatura média por aproximadamente 40 minutos, ou até dourar. Deixe esfriar e corte em quadrados.

Rendimento: 16 porções
Tempo de preparo: 1 hora

quiche de queijo

Massa: 1 ½ xícara de farinha de trigo,
½ xícara (chá) de manteiga gelada, 1 ovo,
2 colheres (sopa) de água gelada e sal a gosto
Recheio: 3 ovos batidos, 1 ½ xícara (chá) de leite,
1 xícara (chá) de queijo parmesão ralado,
sal e pimenta-do-reino a gosto

Massa: Em uma vasilha, misture a farinha com a manteiga gelada, o ovo e a água, até obter uma massa homogênea, que desgrude das mãos. Abra a massa com um rolo, transfira-a para uma forma de fundo removível (28 cm de diâmetro), apare as bordas, faça furos no fundo com o garfo e asse por 10 minutos no forno preaquecido em temperatura média. Retire e reserve.

Recheio: Em uma tigela, misture os ovos com o leite, o queijo parmesão, o sal e a pimenta-do-reino a gosto. Recheie a quiche e volte-a para o forno em temperatura média por aproximadamente 25 minutos.

Rendimento: 8 porções
Tempo de preparo: 1 hora

bolinho de estudante

1 xícara (chá) de água, 1 xícara (chá) de leite de coco, ½ xícara (chá) de açúcar, 1 ½ xícara (chá) de tapioca, ½ colher (chá) de sal, ½ xícara (chá) de coco ralado, óleo para fritar, açúcar e canela em pó para polvilhar

Em uma panela, coloque a água, o leite de coco e o açúcar. Leve ao fogo até atingir o ponto de fervura. Em uma vasilha, coloque a tapioca, o sal e o coco.

Despeje o líquido fervido e deixe repousar por 30 minutos até a tapioca inchar e ficar macia. Com as mãos molhadas, pegue porções da massa e forme bolinhos compridos.

Frite-os em imersão no óleo, até dourarem. Retire e deixe-os escorrer sobre papel-toalha. Polvilhe os bolinhos com açúcar e canela. Sirva a seguir.

Rendimento: 9 porções
Tempo de preparo: 45 minutos

cuscuz de tapioca

*3 xícaras (chá) de água, 2 xícaras (chá) de leite de coco, 3 xícaras (chá) de tapioca,
1 xícara (chá) de açúcar, 1 lata de leite condensado
e 1 xícara (chá) de coco ralado*

Em uma panela, coloque a água e o leite de coco e leve ao fogo para ferver. Em uma vasilha, coloque a tapioca e o açúcar.

Despeje a mistura fervida e deixe repousar por aproximadamente 30 minutos.

Transfira para uma forma, e, quando desenformar, despeje o leite condensado por cima e polvilhe o cuscuz com o coco ralado.

Rendimento: 10 porções
Tempo de preparo: 50 minutos

bom-bocado de milho-verde

1 lata de milho-verde, 1 lata de leite condensado, 3 ovos, 2 colheres (sopa) de manteiga derretida, 3 colheres (sopa) de farinha de trigo e canela em pó para polvilhar

No liquidificador, bata o milho e passe-o pela peneira. Reserve. Ainda no liquidificador, coloque o milho peneirado, o leite condensado, os ovos, a manteiga, a farinha e bata novamente até obter uma mistura homogênea.

Despeje em forminhas de papel, que deverão estar dentro de forminhas de empada; polvilhe-os com canela em pó e leve para assar, em banho-maria, no forno preaquecido em temperatura média por aproximadamente 40 minutos.

Rendimento: 10 porções
Tempo de preparo: 1 hora

panquecas

1 xícara (chá) de leite,
1 xícara (chá) de farinha de trigo,
1 ovo e sal a gosto

No liquidificador, bata o leite com a farinha, o ovo e o sal até obter uma mistura homogênea.

Frite pequenas porções em uma panquequeira ou frigideira antiaderente.

Rendimento: 10 porções
Tempo de preparo: 30 minutos

bolo de laranja

4 ovos, 1 xícara (chá) de óleo, 2 xícaras (chá) de açúcar, 1 laranja (com a casca) sem sementes e cortada em 4 partes, 2 xícaras (chá) de farinha de trigo e 1 colher (sopa) de fermento em pó
Calda: 1 xícara (chá) de suco de laranja e 1 xícara (chá) de açúcar

No liquidificador, bata os ovos com o óleo, o açúcar e a laranja. Reserve.

Em uma tigela, coloque a farinha e o fermento e adicione a mistura batida no liquidificador. Mexa bem e despeje a massa dentro de uma assadeira redonda com furo central, untada e enfarinhada.

Leve ao forno preaquecido em temperatura média por aproximadamente 40 minutos.

Calda: Em uma panela, misture o suco de laranja com o açúcar e leve ao fogo para ferver por 5 minutos. Regue o bolo com a calda e sirva a seguir.

Rendimento: 12 porções
Tempo de preparo: 1 hora

brownie de chocolate

1 xícara (chá) de manteiga.
2 xícaras (chá) de açúcar. 4 ovos.
120 g de chocolate meio-amargo derretido.
1 colher (chá) de essência de baunilha.
1 xícara (chá) de farinha de trigo e
1 xícara (chá) de castanhas-do-pará picadas

Na batedeira, bata a manteiga com o açúcar. Adicione os ovos um a um, batendo bem, e depois acrescente o chocolate derretido, a baunilha, a farinha e a castanha.

Bata bem e despeje a massa sobre uma assadeira retangular pequena, untada e enfarinhada. Leve ao forno preaquecido em temperatura média por aproximadamente 45 minutos.

Rendimento: 10 porções
Tempo de preparo: 1 hora

bolo mesclado

½ xícara (chá) de manteiga,
1 xícara (chá) de açúcar, 2 ovos,
2 xícaras (chá) de farinha de trigo,
1 xícara (chá) de leite,
1 colher (chá) de essência de baunilha,
1 colher (sopa) de fermento em pó,
1 colher (sopa) de canela em pó,
½ colher (chá) de cravo em pó e
3 colheres (sopa) de melado

Na batedeira, bata a manteiga com o açúcar até obter um creme claro. Acrescente os ovos um a um, e adicione a farinha, o leite, a baunilha e o fermento. Misture bem.

Separe uma pequena quantidade da massa do bolo e junte a canela, o cravo e o melado. Despeje a massa restante em uma assadeira retangular (20 x 30 cm), untada e enfarinhada, e intercale com a massa de especiarias. Leve ao forno em temperatura média por aproximadamente 40 minutos.

Rendimento: 12 porções
Tempo de preparo: 1 hora

panqueca de iogurte e limão

1 ovo.
1 xícara (chá) de iogurte.
2 colheres (sopa) de manteiga derretida.
2 colheres (sopa) de açúcar.
1 xícara (chá) de farinha de trigo.
1 colher (sopa) de fermento em pó e
raspas de 1 limão

Na batedeira, bata o ovo com o iogurte, a manteiga e o açúcar.

Adicione a farinha, o fermento e as raspas de limão, e bata bem. Unte uma frigideira antiaderente com um pouco de óleo, aqueça e acrescente uma porção da massa.

Quando começar a borbulhar, vire a massa e doure-a do outro lado. Repita o processo até finalizar a massa.

Rendimento: 6 porções
Tempo de preparo: 1 hora

sonhos

Massa: 30 g de fermento biológico, ½ xícara (chá) de açúcar, 1 xícara (chá) de leite morno, 4 xícaras (chá) de farinha de trigo, 1 colher (chá) de sal, 3 colheres (sopa) de manteiga e óleo para fritar

Recheio: 2 xícaras (chá) de leite, 1 colher (chá) de essência de baunilha, ½ xícara (chá) de açúcar, 4 gemas, 3 colheres (sopa) de amido de milho e açúcar para polvilhar

Massa: Em uma vasilha, dissolva o fermento na mistura do açúcar com o leite. Em outra tigela grande, adicione a farinha e o sal. Abra uma cavidade no centro e acrescente o fermento dissolvido e a manteiga. Sove até obter uma massa lisa e elástica. Cubra a vasilha com um pano e deixe crescer até dobrar de volume.

Abra a massa com o rolo, deixando-a com a espessura de 1 cm e, com o aro redondo, corte a massa em círculos médios. Transfira os círculos de massa para uma assadeira polvilhada com farinha e deixe-as crescer novamente por cerca de 30 minutos. Frite o sonho em imersão no óleo preaquecido em fogo baixo, até dobrar de volume e dourar. Deixe escorrer sobre papel-toalha.

Recheio: Em uma panela, misture o leite, a baunilha, o açúcar, as gemas e o amido de milho. Leve ao fogo baixo e mexa sempre, até engrossar. Corte os sonhos ao meio, sem separar as metades, recheie-os com o creme já frio e polvilhe-os com o açúcar.

Rendimento: 16 porções
Tempo de preparo: 1 hora e 15 minutos

muffins de banana com chocolate branco

½ xícara (chá) de manteiga,
1 xícara (chá) de açúcar,
3 ovos, ½ xícara (chá) de leite,
3 xícaras (chá) de farinha de trigo,
3 bananas-nanicas amassadas,
1 colher (sopa) de fermento em pó e
1 xícara (chá) de chocolate branco picado

Na batedeira, bata a manteiga com o açúcar e os ovos, um a um. Adicione, alternadamente, a farinha e o leite. Acrescente as bananas amassadas e o fermento.

Preencha 2/3 das forminhas de papel com a massa, coloque-as dentro de forminhas de muffin e, por último, salpique o chocolate branco picado. Leve ao forno preaquecido em temperatura média por aproximadamente 40 minutos.

Rendimento: 9 porções
Tempo de preparo: 50 minutos

bolo formigueiro

½ xícara (chá) de manteiga,
1 xícara (chá) de açúcar,
3 ovos, 2 xícaras (chá) de farinha de trigo,
1 xícara (chá) de leite,
1 colher (chá) de essência de baunilha,
1 colher (sopa) de fermento em pó e
1 xícara (chá) de chocolate granulado

Na batedeira, bata a manteiga com o açúcar até obter um creme claro. Adicione as gemas e continue batendo.

Acrescente a farinha, o leite, a baunilha e o fermento, e bata mais um pouco. Incorpore na massa o chocolate granulado e as claras batidas em neve.

Despeje a massa dentro de uma assadeira redonda com furo central, untada e enfarinhada, e leve ao forno preaquecido em temperatura média por aproximadamente 40 minutos.

Rendimento: 12 porções
Tempo de preparo: 1 hora

bolo de cenoura com nozes

1 ½ xícara (chá) de açúcar, 1 xícara (chá) de óleo,
3 ovos, 1 ½ xícara (chá) de farinha de trigo,
1 colher (chá) de canela em pó,
1 colher (sopa) de essência de baunilha,
1 colher (sobremesa) de fermento em pó,
½ xícara (chá) de nozes trituradas,
2 xícaras (chá) de cenoura ralada,
Cobertura: 2 xícaras (chá) de cream cheese,
2 xícaras (chá) de manteiga sem sal,
2 xícaras (chá) de açúcar de confeiteiro,
1 colher (chá) de essência de baunilha

Na batedeira, bata o açúcar com o óleo; junte os ovos, um a um, a farinha, a canela, a baunilha, o fermento, as nozes e, por último, a cenoura.

Despeje a massa em uma assadeira redonda, untada e enfarinhada, e leve ao forno preaquecido em temperatura média por aproximadamente 40 minutos. Retire, deixe esfriar e desenforme.

Cobertura: Na batedeira, bata o cream cheese com a manteiga, o açúcar e a baunilha, até obter um creme firme. Confeite o bolo.

Rendimento: 12 porções
Tempo de preparo: 1 hora

Bolo de Chocolate

1 xícara (chá) de açúcar,
1 xícara (chá) de manteiga sem sal,
5 ovos, 2 ½ xícaras (chá) de farinha de trigo,
1 xícara (chá) de leite,
1 ½ xícara (chá) de chocolate em pó e
1 colher (sopa) de fermento em pó
Calda: 1 xícara (chá) de leite,
¼ de xícara (chá) de rum,
2 colheres (sopa) de açúcar e
3 colheres (sopa) de chocolate em pó

Na batedeira, bata o açúcar com a manteiga e as gemas, até obter um creme claro. Adicione a farinha e o leite. Bata mais um pouco e acrescente o chocolate em pó, o fermento e, por último, incorpore as claras batidas em neve. Despeje a massa em uma assadeira retangular, untada e enfarinhada, e leve ao forno preaquecido em temperatura média por aproximadamente 40 minutos.

Calda: Em uma panela, misture o leite com o rum, o açúcar e o chocolate em pó. Leve ao fogo médio e deixe ferver, mexendo de vez em quando, até engrossar. Despeje sobre o bolo ainda quente.

Rendimento: 12 porções
Tempo de preparo: 1 hora

cookies com gotas de chocolate

1 xícara (chá) de açúcar demerara,
1 xícara (chá) de manteiga sem sal,
1 colher (chá) de essência de baunilha,
1 ovo, 1 ½ xícara (chá) de farinha de trigo,
1 colher (chá) de fermento em pó e
1 ¼ de xícara (chá) de gotas de chocolate

Na batedeira, bata o açúcar com a manteiga e a baunilha até obter um creme claro. Adicione o ovo, bata, e acrescente a farinha e o fermento. Por último, incorpore as gotas de chocolate.

Em uma assadeira forrada com papel-manteiga, coloque colheradas da massa, deixando espaço entre os biscoitos, pois eles se expandem.

Leve ao forno preaquecido em temperatura média por aproximadamente 10 minutos, ou até que as bordas dos biscoitos dourem. Retire e deixe-os esfriar antes de retirá-los da forma.

Rendimento: 50 unidades pequenas
Tempo de preparo: 1 hora

mingau de tapioca

1 ½ xícara (chá) de tapioca,
2 xícaras (chá) de leite de coco,
2 xícaras (chá) de coco ralado,
1 ½ xícara (chá) de açúcar,
2 xícaras (chá) de água ou leite e
canela em pó para polvilhar

Em uma vasilha, deixe a tapioca de molho no leite de coco por 10 minutos.

Em seguida, leve ao fogo e acrescente o coco, o açúcar e o leite ou a água, aos poucos, mexendo sempre até obter um creme encorpado. Depois de pronto, polvilhe o mingau com canela em pó.

Rendimento: 8 porções
Tempo de preparo: 30 minutos

pão de queijo

3 xícaras (chá) de polvilho doce
½ xícara (chá) de polvilho azedo
½ colher (sopa) de sal
½ xícara (chá) de óleo
1 ½ xícara (chá) de leite, 3 ovos
4 xícaras (chá) de queijo meia cura ralado

Em uma tigela, misture o polvilho doce com o polvilho azedo e o sal.

Em uma panela, leve ao fogo o leite e o óleo. Quando ferver, derrame o conteúdo sobre os ingredientes secos e mexa devagar com uma colher.

Adicione os ovos e amasse por aproximadamente 10 minutos, até obter uma massa homogênea. Acrescente o queijo e misture bem. Com as mãos, faça bolinhas com a massa e disponha-as sobre uma assadeira untada com óleo, mantendo distância entre elas para que não se grudem ao crescer. Leve ao forno preaquecido em temperatura média por, aproximadamente, 25 minutos, ou até que os pães de queijo estejam dourados.

Rendimento: 80 unidades pequenas
Tempo de preparo: 1 hora

madalenas

1 xícara (chá) de açúcar,
1 colher (sopa) de mel, 6 gemas, 1 ovo,
1 xícara (chá) de manteiga,
1 xícara (chá) de fécula de batata,
1 xícara (chtá) de farinha de trigo, 6 claras e
½ colher (sopa) de raspas de laranja

Na batedeira, bata o açúcar com o mel, as gemas e o ovo. Adicione a manteiga e bata; acrescente a fécula de batata e a farinha. Quando a massa estiver homogênea, incorpore, por último, as claras batidas em neve e as raspas de laranja.

Disponha a massa em forminhas próprias para assar madalenas e leve ao forno preaquecido em temperatura média/baixa por aproximadamente 20 minutos, ou até que elas fiquem douradas.

Rendimento: 10 porções
Tempo de preparo: 1 hora

bolo de passas

1 ½ xícara (chá) de açúcar mascavo,
1 xícara (chá) de manteiga, 5 ovos,
½ xícara (chá) de melado,
½ xícara (chá) de leite,
2 ½ xícaras (chá) de farinha de trigo,
1 colher (sopa) de fermento em pó,
1 colher (chá) de canela em pó,
½ colher (chá) de noz-moscada em pó,
1 xícara (chá) de uvas-passas escuras,
1 xícara (chá) de uvas-passas claras e
1 xícara (chá) de frutas cristalizadas

Na batedeira, bata o açúcar com a manteiga, adicione as gemas uma a uma, e bata bem.

Acrescente o melado, o leite, a farinha, o fermento, a canela, a noz-moscada e bata mais um pouco. Por último, incorpore as claras batidas em neve. Adicione delicadamente as uvas-passas escuras, as claras e as frutas cristalizadas (passe as frutas na farinha antes de colocá-las na massa).

Despeje a massa em uma assadeira, untada e enfarinhada, e leve ao forno preaquecido em temperatura média/baixa por aproximadamente 1 hora.

Rendimento: 12 porções
Tempo de preparo: 1 hora

bolinho de farinha de arroz e coco

1 xícara (chá) de açúcar,
1 xícara (chá) de manteiga, 5 ovos,
1 xícara (chá) de coco ralado,
½ colher (chá) de sal,
1 xícara (chá) de farinha de arroz,
1 colher (chá) de fermento em pó e
coco ralado para polvilhar

Na batedeira, bata o açúcar com a manteiga.

Adicione as gemas uma a uma, e bata bem. Acrescente o coco ralado, o sal, a farinha de arroz e o fermento.

Bata até obter uma massa homogênea. Por último, incorpore as claras batidas em neve. Com a massa, preencha 2/3 das forminhas de muffin, untadas e enfarinhadas, e espalhe coco por cima. Leve ao forno preaquecido em temperatura média por aproximadamente 40 minutos.

Rendimento: 8 porções
Tempo de preparo: 1 hora

rocambole de goiabada

*6 ovos, 6 colheres (sopa) de açúcar e
6 colheres (sopa) de farinha de trigo
Recheio: ½ xícara (chá) de goiabada derretida*

Na batedeira, bata os ovos até dobrarem de volume. Acrescente as colheres de açúcar, uma a uma. Depois, da mesma maneira, acrescente a farinha.

Despeje a massa sobre uma assadeira retangular forrada com papel-manteiga e untada com manteiga.

Leve ao forno preaquecido em temperatura média/baixa por aproximadamente 15 minutos, ou até dourar.

Depois de assado polvilhe o rocambole com o açúcar e vire o bolo sobre um pano de prato limpo e levemente úmido. Recheie com a goiabada derretida e enrole-o com a ajuda do pano até formar um rocambole.

Rendimento: 10 porções
Tempo de preparo: 40 minutos

agradecimentos

Agradeço ao povo de Trancoso que me recebeu tão bem, aos amigos que aqui fiz, aos hóspedes que se transformaram em amigos...

Aos meus parceiros de caminhada, aos meus filhos, ao meu marido e à minha equipe de trabalho.

Penha, Lú, Dani e Quéia

créditos

Desenvolvimento de receitas:
Sandra Marques

Capa:
xícara desenhada por Ieda Sá

Cozinha Capim Santo:
Penha, Lu, Dani e Queia

Fotografia da página 2 e da contracapa:
Marcel Leite

CAPIMSANTO

Rua do Beco, 55 — Praça São João — Quadrado Histórico
45818-000 — Trancoso — BA — Brasil
Tel.: (73) 3668-1122 — capimsanto@capimsanto.com.br

EDITORA BOCCATO

Cook ♥ Lovers

Rua dos Italianos, 845 — Bom Retiro — Cep 01131-000
São Paulo — SP — Brasil — (11) 3846-5141
contato@boccato.com.br
www.boccato.com.br — www.cooklovers.com.br

© Editora Boccato / CookLovers

edição André Boccato

coordenação-editorial Maria Aparecida C. Ramos / Emiliano P. S. Boccato

revisão das receitas Aline Maria Terrassi Leitão / Henrique Cortat

revisão ortográfica Maria Luiza Momesso Paulino

fotografias André Boccato

colaboração de texto Jezebel Salem

diretor-comercial Marcelo Nogueira

```
Dados Internacionais de Catalogação na Publicação (CIP)
        (Câmara Brasileira do Livro, SP, Brasil)

      Marques, Sandra
        Bom dia Trancoso! : 40 receitas para acompanhar
      o café da manhã / Sandra Marques. -- 1. ed. --
      São Paulo : Boccato, 2011.


        1. Culinária 2. Gastronomia 3. Receitas
      I. Título.




11-04682                                        CDD-641.5
```

Índices para catálogo sistemático:

1. Receitas : Culinária   641.5